À Hugo et Adrien

L'auteur-illustrateur

Graphiste et illustratrice, Muriel Damasio conçoit aussi des jeux et des activités parascolaires. Elle propose des petits bricolages, rapides et efficaces, qui associent matériaux de récupération et matériaux pour travaux manuels.
Elle se fait complice des «petits doigts» en les accompagnant dans leurs découvertes créatives.

PETITS DOIGTS

Chenilles toutes douces

MURIEL DAMASIO

EDITIONS FLEURUS

Introduction

De toutes les couleurs et peu onéreuses, généralement vendues en paquets de couleurs assorties, les chenilles douces et souples, ondulent, s'enroulent et s'entortillent. L'idée se modèle et prend forme au rythme du toucher. L'enfant a le plaisir de la découverte, il peut détordre la chenille et recommencer à loisir.
La chenille se recoupe et s'assemble à d'autres éléments pour créer des personnages, des fleurs ou des animaux. Voici un bon moment récréatif en perspective !

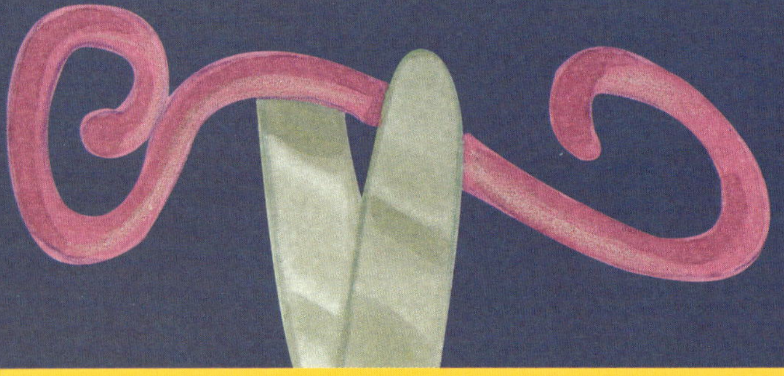

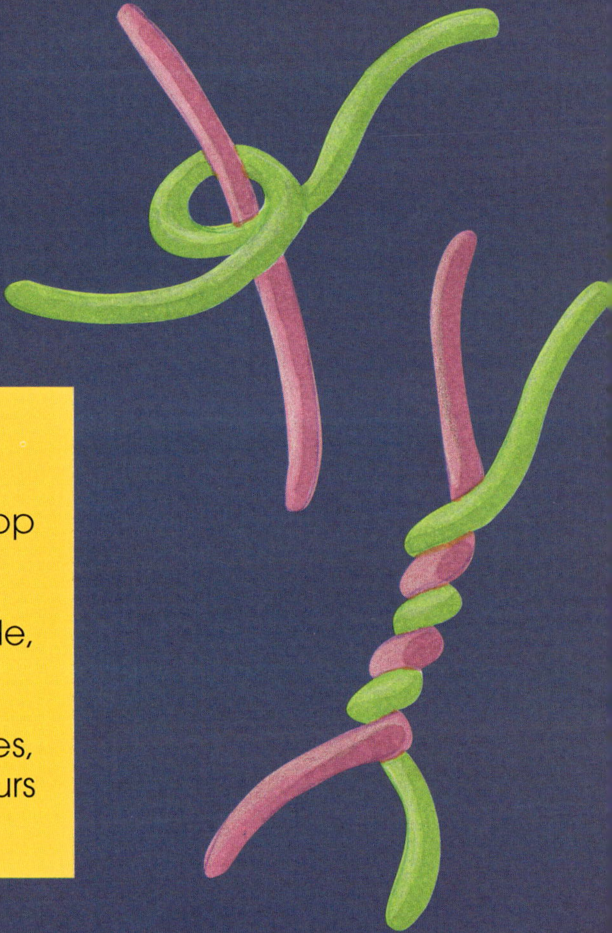

Les chenilles

Coupe les morceaux de chenille trop longs, avec des ciseaux.

Pour accrocher deux chenilles ensemble, entortille-les.

Pour torsader deux chenilles entre elles, place-les côte à côte et vrille-les toujours dans le même sens.

Formes en polystyrène

Tu as besoin de **boules** et **d'œufs.**

Peinture
Pique les formes sur une brochette pour ne pas te salir les doigts et peins-les avec de la peinture pas trop liquide.
Fais sécher dans un pot.

Pour fixer la chenille
Fais d'abord un trou dans le polystyrène avec une brochette.
Puis, enfonce la chenille dans le trou.

Autre matériel

- Boules de cotillons
- Boîtes à fromage
- Perforatrice
- Yeux mobiles
- Gouache et pinceaux
- Brochettes en bois et cure-dents
- Colle blanche vinylique
- Ciseaux.

Choisis deux longues chenilles de la même taille et de la même couleur. Coupe l'une d'elles en deux.

Forme un rond au bout de la grande chenille pour la tête.

Croise une petite chenille un peu au-dessous de la tête. Voilà les bras.

Attache l'autre petite chenille au corps pour faire une jambe. Replie au bout pour les pieds. Tords les bras et les jambes. Ton bonhomme danse.

Bonshommes arc-en-ciel

Peins une boule
de cotillon.
Laisse sécher.

Enroule une chenille autour d'un crayon,
sans serrer, pour faire le corps.

Forme une touffe
de poils et une bouche
avec deux petits
morceaux de chenille.
Colle-les sur la tête
en laissant le trou
du cotillon derrière.
Colle les yeux mobiles.

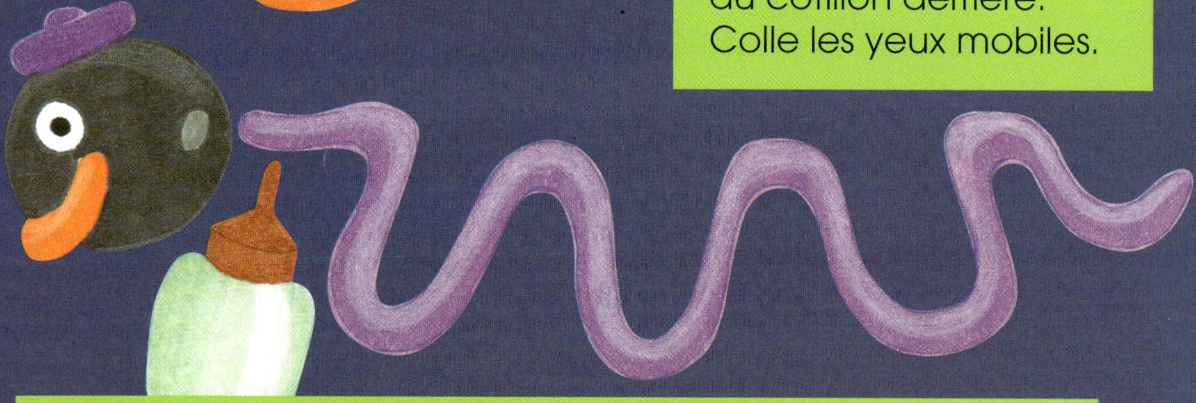

Mets de la colle au bout du corps et pique-le dans la tête.
Ta drôle de chenille est prête à gambader.

Drôles de chenilles

Enroule, de chaque côté, 2 chenilles en spirale pour former les ailes.

Pour le corps, plie une chenille noire en deux et vrille jusqu'à la moitié.

Place les ailes dos à dos et entoure-les avec le corps. Serre bien pour tout attacher. Modèle de belles spirales pour les antennes... avant de lâcher ton papillon.

Papillons scintillants dans le vent

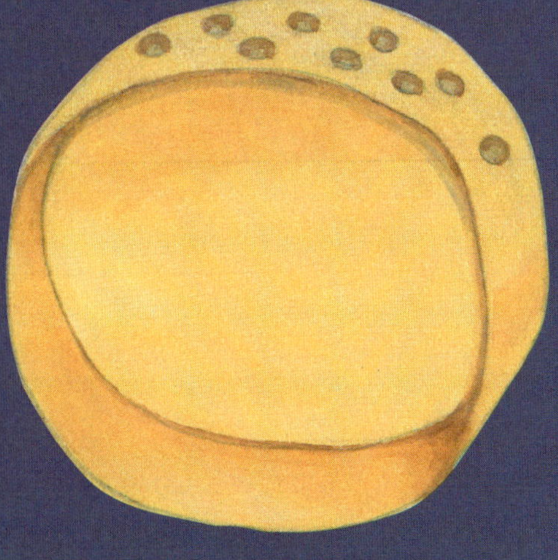

Demande à un adulte de percer le bord d'une boîte à fromage : 6 trous pour les cheveux et 3 pour la frange.

Découpe un rond de papier à la taille de la boîte. Dessine ou peins un visage et colle-le au fond du cadre.
Fixe une attache au dos.

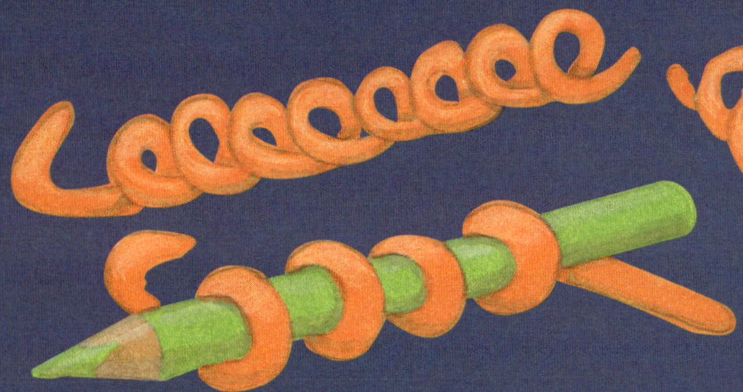

Enroule 6 longues chenilles et 3 plus petites autour d'un crayon. Glisse-les dans les trous et replie-les pour les fixer.

Jolie frimousse rigolote

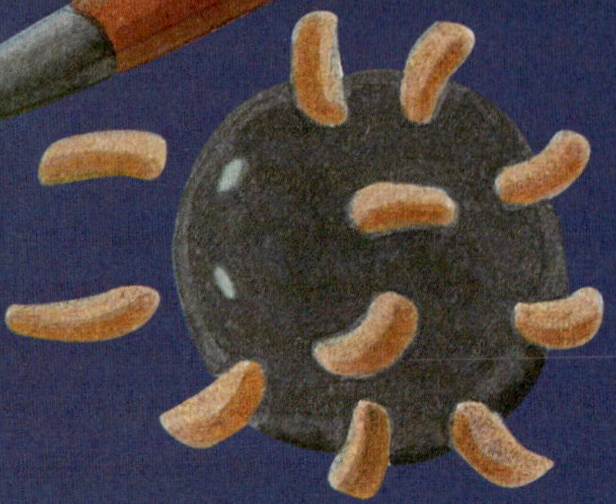

Le cœur : Peins une boule.
Laisse sécher.
Pique des petits morceaux droits ou recourbés pour les étamines.

La tige : Enroule une chenille sur une brochette. Croise une moitié de chenille. Modèle les feuilles en tire-bouchon ou en spirale.

Les pétales ronds : Enroule des longues chenilles en spirale.
Les pétales allongés : Plie des chenilles 4 fois.
Pique les pétales et la tige dans le cœur. Plante ta fleur dans un petit pot rempli de pâte à modeler verte.

Le jardin des fleurs magiques

Araignée : Sur une boule peinte, fais 3 trous de chaque côté et pique 6 chenilles pour faire des pattes velues. Colle les yeux, la bouche et une touffe de poils en spirale sur la tête.

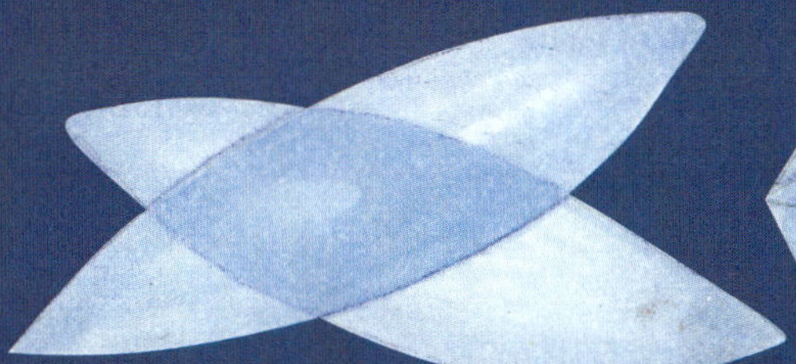

Abeille : Fais 6 trous sur un œuf peint et prépare 6 chenilles pour les rayures.

Découpe les ailes en plastique transparent, plie-les, perfore-les et glisse-les sur une chenille.

Fixe les rayures autour de l'œuf, puis les pattes. Colle les yeux et la bouche.

Bzzz Bzzz ! Petites bêtes

Enroule une chenille en spirale. Attache-la à une autre chenille.

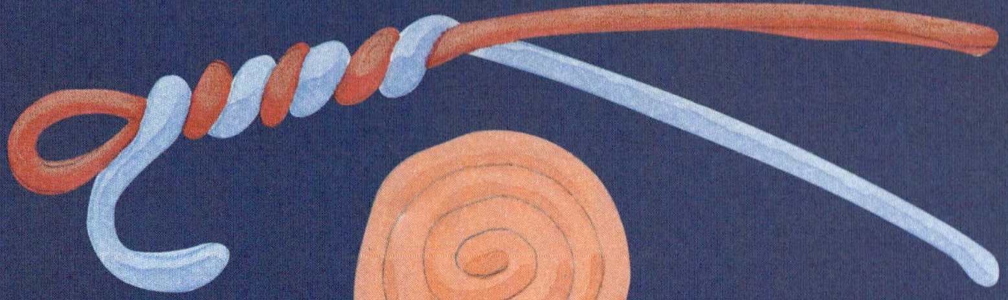

Torsade 2 chenilles pour les bras et replie les extrémités. Attache-les en les croisant sous la tête.

Entoure, sans serrer, une grande chenille sur le haut de la tête. Aplatis les boucles et coiffe les cheveux.

Colle la bouche et 2 yeux mobiles. Enroule le corps sur un crayon.

Les crayons-tortillons

La boîte : Peins le fond d'une boîte à fromage en carton. Colle de la chenille verte en spirale sur tout le couvercle.

Pour les fleurs, enroule des petits morceaux de chenille de toutes les couleurs en spirale. Place une petite tige verte au centre. Perce des trous dans le couvercle et plante tes fleurs.

Fleurs à pétales :
Fais une boucle et vrille-la. Refais des boucles. Entortille une autre chenille pour la tige.

Boîte à secrets fleurie

Demande à un adulte de recouper une grosse boule.
Peins 4 œufs de différentes couleurs et la boule en bleu.

Prépare pour chaque poisson : 2 nageoires, 1 queue et une chenille pour les rayures.

Perce 3 trous dans les œufs. Pique la queue, les nageoires et les rayures. Colle les yeux mobiles et la bouche.
Recouvre 4 cure-dents de chenille et plante les poissons sur la boule.
Ajoute des algues.

Poissons polissons tout ronds !

Invente un petit monde tout doux !

Direction éditoriale : Christophe Savouré
Direction artistique : Danielle Capellazzi
Photographies : Bertrand Mussotte
Édition : Christine Hooghe
Conception graphique : Isabelle Bochot

Dépôt légal : octobre 1999
ISBN 2-215-02216-7
Achevé d'imprimer en UE par Partenaires
2e édition
N° d'édition : 92131
Loi n°49-956 du 16 juillet 1949
sur les publications destinées à la jeunesse

Ce livre appartient à :

____

Offert par :

____